Dieses Buch gehört:

COPYRIGHT @ STYLESYNDIKAT
ALLE RECHTE VORBEHALTEN.

Standort: _____ **DATUM:** _____

WETTER:

HEUTE ERLEBT: _____

HEUTE GESEHEN: _____

HEUTE GEGESSEN: _____

HEUTE GELERNT: _____

Zeichne, was Du gesehen hast:

SO WAR MEIN TAG:

LIEBLINGSERINNERUNG HEUTE:

DAFÜR BIN ICH DANKBAR:

Standort: _____

DATUM: _____

WETTER:

HEUTE ERLEBT: _____

HEUTE GESEHEN: _____

HEUTE GEGESSEN: _____

HEUTE GELERNT: _____

Zeichne, was Du gesehen hast:

SO WAR MEIN TAG:

LIEBLINGSERINNERUNG HEUTE:

DAFÜR BIN ICH DANKBAR:

Standort: _____

Datum: _____

Wetter: ☀️ ⛅ ☁️ 🌧️

HEUTE ERLEBT:
_____
_____
_____
_____

HEUTE GESEHEN:
_____
_____
_____

HEUTE GEGESSEN:
_____
_____
_____

HEUTE GELERNT:
_____
_____
_____
_____

Zeichne, was Du gesehen hast:

SO WAR MEIN TAG:

LIEBLINGSERINNERUNG HEUTE:

DAFÜR BIN ICH DANKBAR:

Standort: _____ **DATUM:** _____

WETTER:

HEUTE ERLEBT: _____

_____

_____

_____

_____

HEUTE GESEHEN: _____

_____

_____

_____

HEUTE GEGESSEN: _____

_____

_____

_____

HEUTE GELERNT: _____

_____

_____

_____

_____

Zeichne, was Du gesehen hast:

SO WAR MEIN TAG:

LIEBLINGSERINNERUNG HEUTE:

DAFÜR BIN ICH DANKBAR:

Standort:

Datum:

Wetter:

HEUTE ERLEBT:

HEUTE GESEHEN:

HEUTE GEGESSEN:

HEUTE GELERNT:

Zeichne, was Du gesehen hast:

SO WAR MEIN TAG:

LIEBLINGSERINNERUNG HEUTE:

DAFÜR BIN ICH DANKBAR:

Standort: _____ **DATUM:** _____

WETTER:

HEUTE ERLEBT: _____

_____
_____
_____
_____
_____

- -

HEUTE GESEHEN: _____

_____
_____
_____
_____

- -

HEUTE GEGESSEN: _____

_____
_____
_____
_____

- -

HEUTE GELERNT: _____

_____
_____
_____
_____
_____

Zeichne, was Du gesehen hast:

SO WAR MEIN TAG:

LIEBLINGSERINNERUNG HEUTE:

DAFÜR BIN ICH DANKBAR:

Standort: _____

DATUM: _____

WETTER:

HEUTE ERLEBT: _____

HEUTE GESEHEN: _____

HEUTE GEGESSEN: _____

HEUTE GELERNT: _____

Zeichne, was Du gesehen hast:

SO WAR MEIN TAG:

LIEBLINGSERINNERUNG HEUTE:

DAFÜR BIN ICH DANKBAR:

Standort: _____

DATUM: _____

_____

WETTER: ☀️ ⛅ ☁️ 🌧️

_____

HEUTE ERLEBT: _____

_____

_____

_____

_____

- -

HEUTE GESEHEN: _____

_____

_____

_____

- -

HEUTE GEGESSEN: _____

_____

_____

_____

- -

HEUTE GELERNT: _____

_____

_____

_____

_____

Zeichne, was Du gesehen hast:

SO WAR MEIN TAG:

LIEBLINGSERINNERUNG HEUTE:

DAFÜR BIN ICH DANKBAR:

Standort:

DATUM:

WETTER:

HEUTE ERLEBT:

HEUTE GESEHEN:

HEUTE GEGESSEN:

HEUTE GELERNT:

Zeichne, was Du gesehen hast:

SO WAR MEIN TAG:

LIEBLINGSERINNERUNG HEUTE:

DAFÜR BIN ICH DANKBAR:

Standort:

DATUM:

WETTER:

HEUTE ERLEBT:

HEUTE GESEHEN:

HEUTE GEGESSEN:

HEUTE GELERNT:

Zeichne, was Du gesehen hast:

SO WAR MEIN TAG:

LIEBLINGSERINNERUNG HEUTE:

DAFÜR BIN ICH DANKBAR:

Standort: _____

Datum: _____

Wetter: _____

Heute erlebt:
_____
_____
_____
_____
_____

Heute gesehen:
_____
_____
_____

Heute gegessen:
_____
_____
_____

Heute gelernt:
_____
_____
_____
_____
_____

Zeichne, was Du gesehen hast:

SO WAR MEIN TAG:

LIEBLINGSERINNERUNG HEUTE:

DAFÜR BIN ICH DANKBAR:

Standort: _____ **DATUM:** _____

WETTER:

HEUTE ERLEBT: _____

HEUTE GESEHEN: _____

HEUTE GEGESSEN: _____

HEUTE GELERNT: _____

Zeichne, was Du gesehen hast:

SO WAR MEIN TAG:

LIEBLINGSERINNERUNG HEUTE:

DAFÜR BIN ICH DANKBAR:

Standort: _____

Datum: _____

Wetter:

HEUTE ERLEBT: _____

HEUTE GESEHEN: _____

HEUTE GEGESSEN: _____

HEUTE GELERNT: _____

Zeichne, was Du gesehen hast:

SO WAR MEIN TAG:

LIEBLINGSERINNERUNG HEUTE:

DAFÜR BIN ICH DANKBAR:

Standort: _____

DATUM: _____

WETTER:

HEUTE ERLEBT: _____

HEUTE GESEHEN: _____

HEUTE GEGESSEN: _____

HEUTE GELERNT: _____

Zeichne, was Du gesehen hast:

SO WAR MEIN TAG:

LIEBLINGSERINNERUNG HEUTE:

DAFÜR BIN ICH DANKBAR:

Standort: _____ **DATUM:** _____

WETTER:

HEUTE ERLEBT: _____

HEUTE GESEHEN: _____

HEUTE GEGESSEN: _____

HEUTE GELERNT: _____

Zeichne, was Du gesehen hast:

SO WAR MEIN TAG:

LIEBLINGSERINNERUNG HEUTE:

DAFÜR BIN ICH DANKBAR:

Standort: _____

DATUM: _____

WETTER:

HEUTE ERLEBT: _____

_____

_____

_____

_____

HEUTE GESEHEN: _____

_____

_____

_____

HEUTE GEGESSEN: _____

_____

_____

_____

HEUTE GELERNT: _____

_____

_____

_____

_____

Zeichne, was Du gesehen hast:

SO WAR MEIN TAG:

LIEBLINGSERINNERUNG HEUTE:

DAFÜR BIN ICH DANKBAR:

Standort: _____

Datum: _____

Wetter:

HEUTE ERLEBT: _____

HEUTE GESEHEN: _____

HEUTE GEGESSEN: _____

HEUTE GELERNT: _____

Zeichne, was Du gesehen hast:

SO WAR MEIN TAG:

LIEBLINGSERINNERUNG HEUTE:

DAFÜR BIN ICH DANKBAR:

Standort: _____

Datum: _____

Wetter: ☀️ ⛅ ☁️ 🌧️

HEUTE ERLEBT: _____

HEUTE GESEHEN: _____

HEUTE GEGESSEN: _____

HEUTE GELERNT: _____

Zeichne, was Du gesehen hast:

SO WAR MEIN TAG:

LIEBLINGSERINNERUNG HEUTE:

DAFÜR BIN ICH DANKBAR:

Standort: _____

DATUM: _____

WETTER: ☀️ ⛅ ☁️ 🌧️

HEUTE ERLEBT: _____

HEUTE GESEHEN: _____

HEUTE GEGESSEN: _____

HEUTE GELERNT: _____

Zeichne, was Du gesehen hast:

SO WAR MEIN TAG:

LIEBLINGSERINNERUNG HEUTE:

DAFÜR BIN ICH DANKBAR:

Standort: _____

DATUM: _____

WETTER:

HEUTE ERLEBT: _____

HEUTE GESEHEN: _____

HEUTE GEGESSEN: _____

HEUTE GELERNT: _____

Zeichne, was Du gesehen hast:

SO WAR MEIN TAG:

LIEBLINGSERINNERUNG HEUTE:

DAFÜR BIN ICH DANKBAR:

Standort: _____

DATUM: _____

WETTER: ☀️ ⛅ ☁️ 🌧️

HEUTE ERLEBT: _____

HEUTE GESEHEN: _____

HEUTE GEGESSEN: _____

HEUTE GELERNT: _____

Zeichne, was Du gesehen hast:

SO WAR MEIN TAG:

LIEBLINGSERINNERUNG HEUTE:

DAFÜR BIN ICH DANKBAR:

Standort: _____ **Datum:** _____

Wetter:

HEUTE ERLEBT:

HEUTE GESEHEN:

HEUTE GEGESSEN:

HEUTE GELERNT:

Zeichne, was Du gesehen hast:

SO WAR MEIN TAG:

LIEBLINGSERINNERUNG HEUTE:

DAFÜR BIN ICH DANKBAR:

Standort:

Datum:

Wetter:

HEUTE ERLEBT:

HEUTE GESEHEN:

HEUTE GEGESSEN:

HEUTE GELERNT:

Zeichne, was Du gesehen hast:

SO WAR MEIN TAG:

LIEBLINGSERINNERUNG HEUTE:

DAFÜR BIN ICH DANKBAR:

Standort:

DATUM:

WETTER:

HEUTE ERLEBT:

HEUTE GESEHEN:

HEUTE GEGESSEN:

HEUTE GELERNT:

Zeichne, was Du gesehen hast:

SO WAR MEIN TAG:

LIEBLINGSERINNERUNG HEUTE:

DAFÜR BIN ICH DANKBAR:

Standort: _____   DATUM: _____

_____   WETTER:

HEUTE ERLEBT: _____

HEUTE GESEHEN: _____

HEUTE GEGESSEN: _____

HEUTE GELERNT: _____

Zeichne, was Du gesehen hast:

SO WAR MEIN TAG:

LIEBLINGSERINNERUNG HEUTE:

DAFÜR BIN ICH DANKBAR:

Standort: _____   DATUM: _____

WETTER:

HEUTE ERLEBT:

HEUTE GESEHEN:

HEUTE GEGESSEN:

HEUTE GELERNT:

Zeichne, was Du gesehen hast:

SO WAR MEIN TAG:

LIEBLINGSERINNERUNG HEUTE:

DAFÜR BIN ICH DANKBAR:

Standort: _____ **Datum:** _____

_____ **Wetter:**

HEUTE ERLEBT: _____

HEUTE GESEHEN: _____

HEUTE GEGESSEN: _____

HEUTE GELERNT: _____

Zeichne, was Du gesehen hast:

SO WAR MEIN TAG:

LIEBLINGSERINNERUNG HEUTE:

DAFÜR BIN ICH DANKBAR:

Standort:

DATUM:

WETTER:

HEUTE ERLEBT:

HEUTE GESEHEN:

HEUTE GEGESSEN:

HEUTE GELERNT:

Zeichne, was Du gesehen hast:

SO WAR MEIN TAG:

LIEBLINGSERINNERUNG HEUTE:

DAFÜR BIN ICH DANKBAR:

Standort: _____ **DATUM:** _____

_____ **WETTER:**

HEUTE ERLEBT: _____

HEUTE GESEHEN: _____

HEUTE GEGESSEN: _____

HEUTE GELERNT: _____

Zeichne, was Du gesehen hast:

SO WAR MEIN TAG:

LIEBLINGSERINNERUNG HEUTE:

DAFÜR BIN ICH DANKBAR:

Standort: _____ DATUM: _____

WETTER:

HEUTE ERLEBT: _____
_____
_____
_____
_____

HEUTE GESEHEN: _____
_____
_____

HEUTE GEGESSEN: _____
_____
_____

HEUTE GELERNT: _____
_____
_____
_____
_____

Zeichne, was Du gesehen hast:

SO WAR MEIN TAG:

IEBLINGSERINNERUNG HEUTE:

AFÜR BIN ICH DANKBAR:

Standort: _____   **DATUM:** _____

WETTER: ☀️ ⛅ ☁️ 🌧️

HEUTE ERLEBT: _____
_____
_____
_____
_____

HEUTE GESEHEN: _____
_____
_____

HEUTE GEGESSEN: _____
_____
_____

HEUTE GELERNT: _____
_____
_____
_____
_____

Zeichne, was Du gesehen hast:

SO WAR MEIN TAG:

LIEBLINGSERINNERUNG HEUTE: _____

DAFÜR BIN ICH DANKBAR: _____

Standort: _____   DATUM: _____

WETTER:

HEUTE ERLEBT:

HEUTE GESEHEN:

HEUTE GEGESSEN:

HEUTE GELERNT:

Zeichne, was Du gesehen hast:

SO WAR MEIN TAG:

LIEBLINGSERINNERUNG HEUTE: _____

DAFÜR BIN ICH DANKBAR: _____

Standort: _____   DATUM: _____

WETTER:

HEUTE ERLEBT:

HEUTE GESEHEN:

HEUTE GEGESSEN:

HEUTE GELERNT:

Zeichne, was Du gesehen hast:

SO WAR MEIN TAG:

LIEBLINGSERINNERUNG HEUTE:

DAFÜR BIN ICH DANKBAR:

Standort: _____

Datum: _____

Wetter: ☀️ ⛅ ☁️ 🌧️

HEUTE ERLEBT:

HEUTE GESEHEN:

HEUTE GEGESSEN:

HEUTE GELERNT:

Zeichne, was Du gesehen hast:

SO WAR MEIN TAG:

lIEBLINGSERINNERUNG HEUTE:

DAFÜR BIN ICH DANKBAR:

Standort: _____ **DATUM:** _____

WETTER:

HEUTE ERLEBT: _____

HEUTE GESEHEN: _____

HEUTE GEGESSEN: _____

HEUTE GELERNT: _____

Zeichne, was Du gesehen hast:

SO WAR MEIN TAG:

IEBLINGSERINNERUNG HEUTE: _____
_____
_____
_____
_____

AFÜR BIN ICH DANKBAR: _____
_____
_____
_____
_____
_____

Standort: _____

Datum: _____

Wetter: _____

HEUTE ERLEBT:
_____
_____
_____
_____
_____

HEUTE GESEHEN:
_____
_____
_____

HEUTE GEGESSEN:
_____
_____
_____

HEUTE GELERNT:
_____
_____
_____
_____
_____

Zeichne, was Du gesehen hast:

SO WAR MEIN TAG:

LIEBLINGSERINNERUNG HEUTE:

DAFÜR BIN ICH DANKBAR:

Standort: _____ DATUM: _____

WETTER:

HEUTE ERLEBT: _____
_____
_____
_____
_____

HEUTE GESEHEN: _____
_____
_____

HEUTE GEGESSEN: _____
_____
_____

HEUTE GELERNT: _____
_____
_____
_____
_____

Zeichne, was Du gesehen hast:

SO WAR MEIN TAG:

LIEBLINGSERINNERUNG HEUTE:

DAFÜR BIN ICH DANKBAR:

Standort: _____

DATUM: _____

WETTER:

HEUTE ERLEBT:

HEUTE GESEHEN:

HEUTE GEGESSEN:

HEUTE GELERNT:

Zeichne, was Du gesehen hast:

SO WAR MEIN TAG:

lEBLINGSERINNERUNG HEUTE:

aFÜR BIN ICH DANKBAR:

Standort: _____   DATUM: _____

WETTER:

HEUTE ERLEBT: _____

HEUTE GESEHEN: _____

HEUTE GEGESSEN: _____

HEUTE GELERNT: _____

Zeichne, was Du gesehen hast:

SO WAR MEIN TAG:

LIEBLINGSERINNERUNG HEUTE:

DAFÜR BIN ICH DANKBAR:

Standort: _____   DATUM: _____

WETTER: ☀ ⛅ ☁ 🌧

HEUTE ERLEBT:

_____
_____
_____
_____
_____

HEUTE GESEHEN:

_____
_____
_____

HEUTE GEGESSEN:

_____
_____
_____

HEUTE GELERNT:

_____
_____
_____
_____
_____

Zeichne, was Du gesehen hast:

SO WAR MEIN TAG:

LIEBLINGSERINNERUNG HEUTE:

DAFÜR BIN ICH DANKBAR:

Standort: _____ DATUM: _____

N
W E
S

WETTER: ☀ ⛅ ☁ 🌧

HEUTE ERLEBT: _____
_____
_____
_____
_____

HEUTE GESEHEN: _____
_____
_____
_____

HEUTE GEGESSEN: _____
_____
_____
_____

HEUTE GELERNT: _____
_____
_____
_____
_____

Zeichne, was Du gesehen hast:

SO WAR MEIN TAG:

LIEBLINGSERINNERUNG HEUTE:

DAFÜR BIN ICH DANKBAR:

Standort: _____ DATUM: _____

WETTER:

HEUTE ERLEBT:

HEUTE GESEHEN:

HEUTE GEGESSEN:

HEUTE GELERNT:

Zeichne, was Du gesehen hast:

SO WAR MEIN TAG:

LIEBLINGSERINNERUNG HEUTE:

DAFÜR BIN ICH DANKBAR:

Standort: _____ DATUM: _____

WETTER:

HEUTE ERLEBT: _____

HEUTE GESEHEN: _____

HEUTE GEGESSEN: _____

HEUTE GELERNT: _____

Zeichne, was Du gesehen hast:

SO WAR MEIN TAG:

LIEBLINGSERINNERUNG HEUTE:

DAFÜR BIN ICH DANKBAR:

Standort: _____

Datum: _____

Wetter: ☀️ ⛅ ☁️ 🌧️

HEUTE ERLEBT: _____
_____
_____
_____
_____

- - - - - - - - - - - - - - - -

HEUTE GESEHEN: _____
_____
_____
_____

- - - - - - - - - - - - - - - -

HEUTE GEGESSEN: _____
_____
_____
_____

- - - - - - - - - - - - - - - -

HEUTE GELERNT: _____
_____
_____
_____
_____

Zeichne, was Du gesehen hast:

SO WAR MEIN TAG:

LIEBLINGSERINNERUNG HEUTE:

DAFÜR BIN ICH DANKBAR:

Standort: _____ **DATUM:** _____

WETTER:

HEUTE ERLEBT: _____

HEUTE GESEHEN: _____

HEUTE GEGESSEN: _____

HEUTE GELERNT: _____

Zeichne, was Du gesehen hast:

SO WAR MEIN TAG:

LIEBLINGSERINNERUNG HEUTE:

DAFÜR BIN ICH DANKBAR:

Standort: _____ DATUM: _____

WETTER:

HEUTE ERLEBT:

HEUTE GESEHEN:

HEUTE GEGESSEN:

HEUTE GELERNT:

Zeichne, was Du gesehen hast:

SO WAR MEIN TAG:

LIEBLINGSERINNERUNG HEUTE: _____

DAFÜR BIN ICH DANKBAR: _____

Standort: _____

DATUM: _____

WETTER:

HEUTE ERLEBT:

HEUTE GESEHEN:

HEUTE GEGESSEN:

HEUTE GELERNT:

Zeichne, was Du gesehen hast:

SO WAR MEIN TAG:

LIEBLINGSERINNERUNG HEUTE:

DAFÜR BIN ICH DANKBAR:

Standort: _____ DATUM: _____

WETTER:

HEUTE ERLEBT: _____

HEUTE GESEHEN: _____

HEUTE GEGESSEN: _____

HEUTE GELERNT: _____

Zeichne, was Du gesehen hast:

SO WAR MEIN TAG:

LIEBLINGSERINNERUNG HEUTE:

DAFÜR BIN ICH DANKBAR:

Standort: _____

Datum: _____

Wetter:

HEUTE ERLEBT:

_____
_____
_____
_____
_____

- -

HEUTE GESEHEN:

_____
_____
_____
_____

- -

HEUTE GEGESSEN:

_____
_____
_____
_____

- -

HEUTE GELERNT:

_____
_____
_____
_____
_____

Zeichne, was Du gesehen hast:

SO WAR MEIN TAG:

LIEBLINGSERINNERUNG HEUTE:

DAFÜR BIN ICH DANKBAR:

Standort: _____

DATUM: _____

WETTER: ☀️ ⛅ ☁️ 🌧️

HEUTE ERLEBT:
_____
_____
_____
_____

HEUTE GESEHEN:
_____
_____
_____

HEUTE GEGESSEN:
_____
_____
_____

HEUTE GELERNT:
_____
_____
_____
_____

𝒵eichne, was Du gesehen hast:

SO WAR MEIN TAG:

LIEBLINGSERINNERUNG HEUTE:

DAFÜR BIN ICH DANKBAR:

Standort: _____ **DATUM:** _____

_____ **WETTER:**

HEUTE ERLEBT: _____
_____
_____
_____
_____
_____

HEUTE GESEHEN: _____
_____
_____
_____

HEUTE GEGESSEN: _____
_____
_____
_____

HEUTE GELERNT: _____
_____
_____
_____
_____
_____

Zeichne, was Du gesehen hast:

SO WAR MEIN TAG:

LIEBLINGSERINNERUNG HEUTE:

DAFÜR BIN ICH DANKBAR:

Standort: _____

Datum: _____

Wetter: ☀️ ⛅ ☁️ 🌧️

HEUTE ERLEBT: _____
_____
_____
_____
_____

HEUTE GESEHEN: _____
_____
_____
_____

HEUTE GEGESSEN: _____
_____
_____
_____

HEUTE GELERNT: _____
_____
_____
_____
_____

Zeichne, was Du gesehen hast:

SO WAR MEIN TAG:

LIEBLINGSERINNERUNG HEUTE: _____

DAFÜR BIN ICH DANKBAR: _____

Standort: _____ DATUM: _____

WETTER:

HEUTE ERLEBT: _____

HEUTE GESEHEN: _____

HEUTE GEGESSEN: _____

HEUTE GELERNT: _____

Zeichne, was Du gesehen hast:

SO WAR MEIN TAG:

LIEBLINGSERINNERUNG HEUTE:

DAFÜR BIN ICH DANKBAR:

Standort: _____   DATUM: _____

_____   WETTER:
_____

HEUTE ERLEBT: _____
_____
_____
_____
_____

HEUTE GESEHEN: _____
_____
_____

HEUTE GEGESSEN: _____
_____
_____

HEUTE GELERNT: _____
_____
_____
_____
_____

Zeichne, was Du gesehen hast:

SO WAR MEIN TAG:

LIEBLINGSERINNERUNG HEUTE:

DAFÜR BIN ICH DANKBAR:

Standort: _____

Datum: _____

Wetter: ☀️ ⛅ ☁️ 🌧️

Heute erlebt:
_____
_____
_____
_____
_____

Heute gesehen:
_____
_____
_____

Heute gegessen:
_____
_____
_____

Heute gelernt:
_____
_____
_____
_____
_____

Zeichne, was Du gesehen hast:

SO WAR MEIN TAG:

LIEBLINGSERINNERUNG HEUTE:

DAFÜR BIN ICH DANKBAR:

COVER CLIPARTS: LEMONADE PIXEL
COPYRIGHT @ STYLESYNDIKAT
ALL RIGHTS RESERVED.

Printed in Poland
by Amazon Fulfillment
Poland Sp. z o.o., Wrocław